La Noche Oscura del Alma
¡EL TIEMPO ES HOY!
Reflexiones y Escritos con la Almohada

La Noche Oscura del Alma
¡EL TIEMPO ES HOY!
Reflexiones y Escritos con la Almohada
Mi Décimo Tercer Libro
Copyright © 2024 RiTa o
Todos los Derechos Reservados
Propiedad Intelectual: Texto e Ilustraciones
Obra: Literatura
Asiento Registral: 00/2024/808
Depósito Legal: TF 60-2024
80 páginas de 13,97 cm x 21,59 cm
Ejemplares Bajo Demanda
Se terminó de Editar en febrero 1/2024 producido por RiTa o
Diseño de portada, fotografía, idea y producción: RiTa o
El Hierro - Santa Cruz de Tenerife - Islas Canarias - España
ritao.es

La Noche Oscura del Alma

¡EL TIEMPO ES HOY!

Reflexiones y Escritos con la Almohada

RiTa o

La Noche Oscura del Alma
¡EL TIEMPO ES HOY!
Reflexiones y Escritos con la Almohada

La Noche Oscura del Alma
¡EL TIEMPO ES HOY!
Reflexiones y Escritos con la Almohada

PREFACIO

Y en el despertar de la interminable espera por florecer una vez más de entre mis propias cenizas, de entre la propia necesidad de salir al mundo a ofrecer la finalidad de mi existencia, me enfrenté a mí misma, cuestionándome un sin fin de interrogantes que dieron origen a este reflexivo libro de preguntas y respuestas.

Y una Noche Oscura del Alma, entre Reflexiones y Escritos con la Almohada, me pregunté:
- Si Dios creó todo lo que existente, entonces ¿quién creó a Dios?
- ¿Y si nosotros mismos fuimos quienes nos creamos?, porque realidad es, que Dios fue creado por el hombre, por su necesidad de creer en un ser divino que exista fuera de él, olvidándose que el ser divino reside en su interior. Lo lamentable, es que el ser humano, se encuentra equivocadamente convencido que delegar la responsabilidad, es más cómodo que indagar en su propio universo interior.

Cada ser humano, es Dios en potencia, pero al no auto reconocerse como tal y tener la capacidad de hacer uso de los poderes creadores innatos que posee,

La Noche Oscura del Alma
¡EL TIEMPO ES HOY!
Reflexiones y Escritos con la Almohada

es que se encuentra como un náufrago a la deriva.

Y Dios, allá arriba en el cielo, se cuestiona:
- Si yo cree todo lo existente, entonces ¿a mí quién me creó?

Y fue así que descubrí con 22 Reflexiones y 12 Escritos en poemas, que nosotros nos Creamos Así Mismos, por lo que, no hay nada más por esperar, porque ¡EL TIEMPO ES HOY!.

La Autora

**La Noche Oscura del Alma
¡EL TIEMPO ES HOY!**
Reflexiones y Escritos con la Almohada

**La Noche Oscura del Alma
¡EL TIEMPO ES HOY!**
Reflexiones y Escritos con la Almohada

**La Noche Oscura del Alma
¡EL TIEMPO ES HOY!**
Reflexiones y Escritos con la Almohada

"Cuando aún no somos

CONSCIENTES del CAMINO,

somos tristes Marionetas del Destino"

La Noche Oscura del Alma
¡EL TIEMPO ES HOY!
Reflexiones y Escritos con la Almohada

La Noche Oscura del Alma
¡EL TIEMPO ES HOY!
Reflexiones y Escritos con la Almohada

REFLEXIONES CON LA ALMOHADA

**La Noche Oscura del Alma
¡EL TIEMPO ES HOY!**
Reflexiones y Escritos con la Almohada

La Noche Oscura del Alma
¡EL TIEMPO ES HOY!
Reflexiones y Escritos con la Almohada

REFLEXIÓN CON LA ALMOHADA 1

- ¿Qué haces?

- Viendo cómo se me pasa la vida.

La Noche Oscura del Alma
¡EL TIEMPO ES HOY!
Reflexiones y Escritos con la Almohada

REFLEXIÓN CON LA ALMOHADA 2

- ¿Qué estuviste haciendo todos estos años?

- Esperando, creyendo que no podría hacerlo.

La Noche Oscura del Alma
¡EL TIEMPO ES HOY!
Reflexiones y Escritos con la Almohada

REFLEXIÓN CON LA ALMOHADA 3

Y así vamos…

escapando de la mente,

para no recordar a nuestros muertos.

La Noche Oscura del Alma
¡EL TIEMPO ES HOY!
Reflexiones y Escritos con la Almohada

REFLEXIÓN CON LA ALMOHADA 4

"La Realidad es Luz y Oscuridad"

Reconocerse en la Luz/
Reconocerse en la propia Oscuridad.

**La Noche Oscura del Alma
¡EL TIEMPO ES HOY!**
Reflexiones y Escritos con la Almohada

REFLEXIÓN CON LA ALMOHADA 5

"Tanto que nos buscamos,

y sin saber que estás dentro"

La Noche Oscura del Alma
¡EL TIEMPO ES HOY!
Reflexiones y Escritos con la Almohada

REFLEXIÓN CON LA ALMOHADA 6

"Vive la vida como una medicina

y dejará de ser una enfermedad"

La Noche Oscura del Alma
¡EL TIEMPO ES HOY!
Reflexiones y Escritos con la Almohada

REFLEXIÓN CON LA ALMOHADA 7

¿Quieres cambiar tu vida?
RECUERDA TU FUTURO

La Noche Oscura del Alma
¡EL TIEMPO ES HOY!
Reflexiones y Escritos con la Almohada

REFLEXIÓN CON LA ALMOHADA 8

"SI PUEDES IMAGINARLO,

PUEDES LOGRARLO"

**La Noche Oscura del Alma
¡EL TIEMPO ES HOY!**
Reflexiones y Escritos con la Almohada

REFLEXIÓN CON LA ALMOHADA 9

¿Y cómo cambio?

CAMBIANDO

La Noche Oscura del Alma
¡EL TIEMPO ES HOY!
Reflexiones y Escritos con la Almohada

REFLEXIÓN CON LA ALMOHADA 10

"Somos lo que hacemos,

no lo que decimos que haremos"

La Noche Oscura del Alma
¡EL TIEMPO ES HOY!
Reflexiones y Escritos con la Almohada

REFLEXIÓN CON LA ALMOHADA 11

¿No te atreves a ser tú mismo?

Pregúntate a quién le debes algo para no poder serlo.

**La Noche Oscura del Alma
¡EL TIEMPO ES HOY!**
Reflexiones y Escritos con la Almohada

REFLEXIÓN CON LA ALMOHADA 12

"Lo que no fluye con el corazón,

culmina justificado por la mente"

La Noche Oscura del Alma
¡EL TIEMPO ES HOY!
Reflexiones y Escritos con la Almohada

REFLEXIÓN CON LA ALMOHADA 13

"Somos lo que hicimos y seremos lo que hagamos"

La Noche Oscura del Alma
¡EL TIEMPO ES HOY!
Reflexiones y Escritos con la Almohada

REFLEXIÓN CON LA ALMOHADA 14

"Lo imposible ya está hecho,

soñemos por lo Posible"

La Noche Oscura del Alma
¡EL TIEMPO ES HOY!
Reflexiones y Escritos con la Almohada

REFLEXIÓN CON LA ALMOHADA 15

"Sin miedo no somos nada,

porque el miedo nos impulsa al desafío"

La Noche Oscura del Alma
¡EL TIEMPO ES HOY!
Reflexiones y Escritos con la Almohada

REFLEXIÓN CON LA ALMOHADA 16

Se revelan los enigmas de la vida:

"Y desconcertados buscamos un consuelo, olvidando que el consuelo de la vida somos nosotros mismos"

La Noche Oscura del Alma
¡EL TIEMPO ES HOY!
Reflexiones y Escritos con la Almohada

REFLEXIÓN CON LA ALMOHADA 17

"De entre tantos caminos…

caminando hacia el Corazón"

La Noche Oscura del Alma
¡EL TIEMPO ES HOY!
Reflexiones y Escritos con la Almohada

REFLEXIÓN CON LA ALMOHADA 18

No justifiques con teorías excusadas,

que "Cuando se Quiere"

¡¡¡Se Puede!!!

La Noche Oscura del Alma
¡EL TIEMPO ES HOY!
Reflexiones y Escritos con la Almohada

REFLEXIÓN CON LA ALMOHADA 19

"La Duda es la guillotina de las Creencias"

La Noche Oscura del Alma
¡EL TIEMPO ES HOY!
Reflexiones y Escritos con la Almohada

REFLEXIÓN CON LA ALMOHADA 20

"Terminar para volver a Comenzar,

y en la pausa, el Impulso de los Latidos"

La Noche Oscura del Alma
¡EL TIEMPO ES HOY!
Reflexiones y Escritos con la Almohada

REFLEXIÓN CON LA ALMOHADA 21

"Bendito sea todo FIN,
porque es el inicio a un nuevo ComienzO"

La Noche Oscura del Alma
¡EL TIEMPO ES HOY!
Reflexiones y Escritos con la Almohada

REFLEXIÓN CON LA ALMOHADA 22

"Voy a morir, algún día moriré,

pero voy a morir estando ¡ViVa!

no estando muerta en vida"

La Noche Oscura del Alma
¡EL TIEMPO ES HOY!
Reflexiones y Escritos con la Almohada

La Noche Oscura del Alma
¡EL TIEMPO ES HOY!
Reflexiones y Escritos con la Almohada

**La Noche Oscura del Alma
¡EL TIEMPO ES HOY!**
Reflexiones y Escritos con la Almohada

ESCRITOS CON LA ALMOHADA

La Noche Oscura del Alma
¡EL TIEMPO ES HOY!
Reflexiones y Escritos con la Almohada

La Noche Oscura del Alma
¡EL TIEMPO ES HOY!
Reflexiones y Escritos con la Almohada

LUZ Y OSCURIDAD

Conocí mi luz y mi oscuridad,
y descubrí que la luz no es tan buena
porque a veces encandila,
y la oscuridad no es tan mala
porque en ella se ve cuando alumbra el alma.

Lo bueno y lo malo
son sólo dos conceptos de la percepción
que cada uno tenga de ello,
son sólo un condicionamiento humano,
que conduce a lo irreal e inhumano.

Re Conócete a ti mismo y lo sabrás.

La Noche Oscura del Alma
¡EL TIEMPO ES HOY!
Reflexiones y Escritos con la Almohada

LA SOLEDAD

Tenerle miedo a la soledad

es un miedo muy esquizofrénico,

mentiroso y obsoleto,

un miedo sin consuelo,

sinceridad y esmero.

Ella no molesta, no reclama,

no insulta y no cuestiona,

no atosiga, no castiga,

no es tóxica, ni aburrida,

no es celosa, ni egoísta.

Ella es libre, es sincera,

es honesta y es perfecta,

silenciosa y cautelosa,

indulgente y muy paciente,

es amorosa y muy celosa.

La Noche Oscura del Alma
¡EL TIEMPO ES HOY!
Reflexiones y Escritos con la Almohada

La soledad es un espejo sin rosas,

en donde encuentras tu veneno y tus prosas,

y las respuestas que te entrega sigilosa

no las sabrás mientras huyas de sus horas,

las que amarás cuando en ella te reconozcas.

**La Noche Oscura del Alma
¡EL TIEMPO ES HOY!**
Reflexiones y Escritos con la Almohada

NO LLORES

No llores si te ahogarás
en las memorias de los males,
no llores si no sabrás
naufragar entre los mares.

No llores si la verdad
no llegará hasta tus lares,
no llores sino obtendrás
la libertad que te acompañe.

No llores si odiarás
lidiar con tus pesares,
no llores sino lograrás
apaciguar las marcas letales.

Porque no es el llanto quien libera
la impotencia y las condenas,
sino la descarga emocional que drenas
al soltar la carga a la que te aferras.

La Noche Oscura del Alma
¡EL TIEMPO ES HOY!
Reflexiones y Escritos con la Almohada

ESTÁS DONDE DEBES DE ESTAR

Así como cada planta, cada piedra y cada grillo

están justo en el lugar donde deben de estar,

así, cada árbol está en el bosque indicado,

cada roca en la montaña que la forma,

y cada gota en el océano que la contiene.

Así mismo,

cada humano está en el lugar

donde debe aprender a sanar,

a vibrar, a transformar y a transmutar.

Porque de ese modo

la persona se libera,

el alma se disgrega

y así se paga la condena

de lo creado en otras eras.

La Noche Oscura del Alma
¡EL TIEMPO ES HOY!
Reflexiones y Escritos con la Almohada

EL REGRESO

¿Regresar nuevamente al pasado?,
¿volver a vivenciar experiencias de dolor?,
¿retroceder a aquellos momentos de infelicidad?,
¿caer nuevamente en situaciones recurrentes?.

¿Y por qué?,
¿por miedo?, ¿soledad?,
¿por la carga de información genética?,
¿por los apegos emocionales?.

¿Y para qué?,
¿para justificar lo injustificable?,
¿para engañosamente sanar?,
eso no es verdad.

La Noche Oscura del Alma
¡EL TIEMPO ES HOY!
Reflexiones y Escritos con la Almohada

Sólo se vuelve al pasado en regresiones

para iluminar la oscuridad del inconsciente,

porque el verdadero amor

no conoce de cárceles mentales,

sólo de pájaros en plena libertad en el aire.

¡Hay de quienes no corten

los enfermizos hechizos ancestrales!

pues la infelicidad permanecerá

en sus vidas abismales.

Nunca sueñes con regresar al pasado,

porque tu presente ya conoce su legado,

deberías regresar entusiasmado

a los pies de tu Espíritu bien amado.

Toma el mando de tu vida, de tu alma,

de tu destino, de tu corazón y tu camino,

porque mientras vivas

las posibilidades son infinitas

La Noche Oscura del Alma
¡EL TIEMPO ES HOY!
Reflexiones y Escritos con la Almohada

y las limitaciones todas mentiras,

emocionales e instintivas.

Así es la vida, un juego que nos vence

o al que ganamos entregando la dicha,

como el rosal, su rosa bendita,

como el árbol, sus hojas marchitas,

o como el animal, su frescura más sencilla

y complicidad que eterniza.

Reconoce el milagro de la vida,

pudiendo elegir quién Ser en tus días,

luz y oscuridad deberías,

fusionando las dos fuerzas contenidas

en tu mirada escondida.

La Noche Oscura del Alma
¡EL TIEMPO ES HOY!
Reflexiones y Escritos con la Almohada

REGRESA A TI

Puedo ver en tus ojos
el profundo dolor de tu alma,
aunque tus sonrisas
escondan deprisa la mirada.

Porque he soñado con tus ganas,
y los dolores que marcan
tus idas y venidas más vanas.

Y aunque no sepas aún,
cuál será el consuelo de tus añoranzas,
nunca desestimes el poder del mañana
sin haber intentado reconquistar a tu alma.

Regresa a ti,
a tu corazón, a tu centro,
donde radica tu mayor anhelo,
el máximo caudal de tu desvelo.

La Noche Oscura del Alma
¡EL TIEMPO ES HOY!
Reflexiones y Escritos con la Almohada

Toma las riendas de tu destino
y avanza hacia un nuevo camino,
hacia un mundo desmedido,
colmado de gracia y sacro oficio.

Regresa a ti,
para decidir tu vida,
tu rumbo, tus caricias
y el futuro colmado de alegrías.

La alimentación, respiración y el descanso,
la meditación de los instantes,
la música que te acelera y el amor,
nutren los estados más puros del corazón.

No te dejes estancar,
avanza sin piedad,
hacia ti mismo,
hacia lo más sagrado de tu niño.

La Noche Oscura del Alma
¡EL TIEMPO ES HOY!
Reflexiones y Escritos con la Almohada

Ámate, cuídate y descúbrete,

que sólo te tienes a ti mismo,

sálvate y salvarás al mundo,

con tu ejemplo y sin tus muros.

¡Anímate!

que aún

"ViVeS"

(Inspirada en D.M.B.)

La Noche Oscura del Alma
¡EL TIEMPO ES HOY!
Reflexiones y Escritos con la Almohada

EL PODER DE LA MEDITACIÓN

Cuando te olvidas de ti mismo pierdes el rumbo,

el camino de la esencia de la vida

que te conduce hacia tu Ser sin mentiras.

Allí,

donde mora en secreto y en silencio,

allí está ÉL,

aguardando el momento de tu propio encuentro.

El poder de la Meditación abre puertas,

corta cadenas, destruye lo indestructible

y milagros se definen.

Sin frases armadas,

sin poses de damas,

sólo con sentimientos en calma

lograrás la conexión con tu alma.

La Noche Oscura del Alma
¡EL TIEMPO ES HOY!
Reflexiones y Escritos con la Almohada

Porque conocerte de verdad y sin mentiras,

hoy y siempre

será la salvación de tus agonías.

Y en un universo de fantasía,

sin acertijos ni habladurías,

entre meditaciones y armonías,

tu nueva realidad nacerá desprevenida.

**La Noche Oscura del Alma
¡EL TIEMPO ES HOY!**
Reflexiones y Escritos con la Almohada

NACER, CRECER Y SEGUIR CRECIENDO

A las gemas les toca proyectar o absorber energías,
a las plantas crecer y ofrecerse en su vida,
y a los animales expresar su alegría.

Al ser humano le corresponde
aprender de sus desdichas,
y cambiar la forma en la que vibra.

Todos aprendemos a vivir,
pero no todos al mismo tiempo
ni con las mismas cortesías.

Cada quién, con su peculiar maestría,
con lo que necesita para crear su vida
y seguir creciendo sin medida.

Porque:
"Seguir Creciendo es la Medicina"

La Noche Oscura del Alma
¡EL TIEMPO ES HOY!
Reflexiones y Escritos con la Almohada

APRENDIENDO A VOLAR

Así como las hojas muertas
son movidas por la brisa del invierno,
así desplegarás tus alas al viento
para fluir inmerso volando hacia tu reencuentro.

Desde las alturas se ve todo con más claridad,
y contemplando desde tu cielo descubrirás,
que no hay destino más incierto
que el de no saber lo que deseas para tu cuento.

Porque si no imaginas, no caminas,
y aunque el aire contenga tus desdichas
si no conoces lo que hiere
no podrás volar los caminos que aún vienen.

La Noche Oscura del Alma
¡EL TIEMPO ES HOY!
Reflexiones y Escritos con la Almohada

Y volando sin rumo te detienes
a contemplar dentro tuyo lo que tienes,
para reconocer bien tus bienes
y que estás vivo para volar si así lo quieres.

Porque cada persona particularidad tiene,
pero el conocimiento que se detiene
yace en el intento de la mente,
sin más consuelo que la muerte.

Y el conocimiento que se vive
se transforma en sabiduría sin límites,
y la persona se torna más que particular,
se vuelve peculiar e invencible.

Porque sabiendo volar no naciste,
pero la madre de la vida insiste,
en que aprendiendo a volar multipliques
tus dones, tu gracia, y tu vocación te sublime.

La Noche Oscura del Alma
¡EL TIEMPO ES HOY!
Reflexiones y Escritos con la Almohada

No le implores a quien no existe,
o eres tú mismo o nadie más vive,
en el mundo real y en el mundo invisible
sólo eres el creador de tus propios fetiches.

Cree en ti y sin testigos vuela,
y que nadie te vea
cuando con tu sinceridad te reencuentras,
porque será el momento en el que obtengas
la dicha más plena de Ser un alma sin guerras.

Y porque la libertad es inherente al espíritu,
si eres libre, vuela, vuela sin rumbo,
sin destino, sin dominios,
sin caminos que dobleguen tus instintos.

Vuela confiado de tus alas, de tus ganas,
de tu fuerza y entereza,
dejando de agudizar la mirada
en los límites que te atrapan.

La Noche Oscura del Alma
¡EL TIEMPO ES HOY!
Reflexiones y Escritos con la Almohada

La inmensidad y la expansión es la aliada,

y en los sueños en los que viajes te acompañan,

fluyendo contra vientos

que se interponen en tus intentos,

para detener las ansias, para derrotar tus alas.

Vuela sin compañía, a la deriva,

de quien se reencuentra con su vida,

para honrar tus poderes, tu osadía,

sin esperar de nadie sus mentiras.

Salvaje suelta los miedos que limitan,

lanzándote al barranco sin paracaídas,

para transmutar los anhelos que eternizan,

para reencontrarte en la caída

y realzar el vuelo de tu vida.

**La Noche Oscura del Alma
¡EL TIEMPO ES HOY!**
Reflexiones y Escritos con la Almohada

DESPERTARES

Cuando descubres ese aspecto perturbador
de tu sombra inconsciente,
ese pobre y olvidado aspecto de ti mismo
queda al descubierto,
se siente desnudo, desconcertado e inquieto,
observado y preocupado,
porque sabe que ha llegado
el momento más inesperado.

Se resiste a ser alumbrado,
y el cuerpo se revela desacostumbrado,
intentando manipular los dolores que se quejan
con amenazantes desobediencias que doblegan,
pero tu luz intermitente persiste,
y el golpeado ego despertando maldice.

La Noche Oscura del Alma
¡EL TIEMPO ES HOY!
Reflexiones y Escritos con la Almohada

Desahuciado,

cae su estandarte derrotado,

y convertido en blanco mago

comienza un camino bien alocado,

de fantasías adormecidas

que despiertan para acelerar la vida,

porque así es el laberinto que te guía

y la victoria nuevamente es bienvenida.

La Noche Oscura del Alma
¡EL TIEMPO ES HOY!
Reflexiones y Escritos con la Almohada

¡PORQUE SÍ!

Ámate porque Sí,
porque fuiste el espermatozoide más veloz,
el más valiente y el más fuerte.

Porque fuiste el más osado y atrevido,
que deseó nacer en un mundo
lento y medido.

Y sin frenos te decidiste
a vivir en la matrix
de los justificados límites.

¡Y lo lograste!, sin miedo de: "no llegaré primero",
sin pensamientos de: "no podré hacerlo",
el No, existencia no tenía,
en el mundo atómico en el que vivías.

La Noche Oscura del Alma
¡EL TIEMPO ES HOY!
Reflexiones y Escritos con la Almohada

Sigue siempre con tu estigma,

de saber que de por vida

lograrás las metas que te animan.

No decaigas si te desaniman,

que es sólo una prueba mendiga

de la apasionada y loca vida.

Y no dudes mientras sigas,

que tú mismo te elegiste

y de entre millones viviste.

La Noche Oscura del Alma
¡EL TIEMPO ES HOY!
Reflexiones y Escritos con la Almohada

RENACER

Si no te ubicas en la onda en la que el disfrute
es el primordial ingrediente de tu vida,
en donde el sentido del humor te aturde,
y las sonrisas no adornan tus labios,
si la alegría no es habitual en tu día a día
y ser feliz es una utopía de poetas irrealistas,
te aseguro que te estás perdiendo la vida.

Porque la vida, es un suspiro muy efímero,
que se asemeja a un inolvidable amor de verano,
a la embriaguez de la serena brisa
que enternece un soleado día,
y a un eterno atardecer
que sin sonidos alardeantes,
de instante en instante desaparece.

La Noche Oscura del Alma
¡EL TIEMPO ES HOY!
Reflexiones y Escritos con la Almohada

Por eso, vive,

disfruta, contempla, ama,

sé feliz a cada instante de tu vida,

en cada detalle, en cada momento,

en cada suspiro de tus aventuras y andares,

y en cada palabra que contienen tus frases.

¡Aprovecha!

que aún no ha llegado la hora de la muerte,

¡aprovecha!

que aún,

¡ESTÁS VIVO!

La Noche Oscura del Alma
¡EL TIEMPO ES HOY!
Reflexiones y Escritos con la Almohada

La Noche Oscura del Alma
¡EL TIEMPO ES HOY!
Reflexiones y Escritos con la Almohada

La Noche Oscura del Alma
¡EL TIEMPO ES HOY!
Reflexiones y Escritos con la Almohada

De pasados recuerdos No se ViVe,

simplemente porque

¡EL TIEMPO ES HOY!

Atte. La Noche Oscura del Alma.

(La Noche del Nacimiento).

**La Noche Oscura del Alma
¡EL TIEMPO ES HOY!**
Reflexiones y Escritos con la Almohada

La Noche Oscura del Alma
¡EL TIEMPO ES HOY!
Reflexiones y Escritos con la Almohada

SOBRE LA AUTORA

RiTa o nació en la ciudad de Santa Fe, Argentina, un 10 de agosto de 1978, tiempo en que las constelaciones marcaban el signo de Leo.

Gracias su peculiar descendencia de aborígenes mapuches, lleva en sus venas la sangre del ocultismo chamánico, así como otra raíz genealógica la nutre con su piel exótica de color árabe sirio libanés, que la ha caracterizado desde el momento 0, y sin olvidar su peculiar personalidad con rasgos italianos y judío franceses que la envuelven en una mezcla bastante enigmática hasta para quienes la conocen personalmente.

Desde pequeña fue ligada a las vicisitudes de su propio destino, pero su espíritu influenciado por el astro Rey la llevó a admirar la ciencia de la vida y las bellas artes como expresiones divinas plasmadas mediante el ser humano.

Su naturaleza artística la impulsó a orientarse en el mundo de la fotografía, hasta que por el año 2000 se deslumbró por el conocimiento de la antropología esotérica, en los aspectos de la filosofía, psicología, ciencia y misticismo, impulsándola a escrudiñar en las profundas causas de las consecuencias humanas,

La Noche Oscura del Alma
¡EL TIEMPO ES HOY!
Reflexiones y Escritos con la Almohada

motivo por el cual, se especializó en el área de la salud y terapias holísticas, desarrollando así, su oculto espíritu alentador hacia la humanidad, muchas veces sin poder alcanzar a conocer las causas de su propio dolor.

Su pronunciado interés sobre las terapias vibracionales, la condujo a investigar y perfeccionarse, en este caso, en la física cuántica, ciencia que la ha motivado a potencializar sus más sutiles sentidos.

Por otro lado, su espíritu amante de la danza, impulsado por sus orígenes árabes, la ha llevado a fluir con su cuerpo a través de la música.

Actualmente, su pasión desenfrenada por la escritura, la mantiene orientada en plasmar obras de Poesía, en versos, poemas, reflexiones y prosas poéticas, algunas con románticas inspiraciones épicas y otras con místicos poemas existenciales, así como también reflexivas motivaciones poéticas, sin olvidar el gran sentido del humor del placer de sus ironías, incorporando, además, frases y escritos icónicos con imágenes fotográficas propias y de su misma autoría, como también su autobiografía en poemas, dando forma a La Danza de sus Letras en sus extravagantes poesías.

La Noche Oscura del Alma
¡EL TIEMPO ES HOY!
Reflexiones y Escritos con la Almohada

A la fecha, algunas obras se encuentran en plena producción, editándose o en proceso de publicación.

La Noche Oscura del Alma
¡EL TIEMPO ES HOY!
Reflexiones y Escritos con la Almohada

La Noche Oscura del Alma
¡EL TIEMPO ES HOY!
Reflexiones y Escritos con la Almohada

SÍNTESIS

Cuando se integra el aspecto de luz con el de oscuridad, se produce en el ser humano lo que yo llamo "Luz Creadora". Al igual que se produce la luz física, al unir un polo positivo y un polo negativo, creando la tercera fuerza neutra.

En ese mismo instante de integración, se siente total plenitud, puesto que las dos fuerzas más controversiales de la creación se han unido para manifestar coherencia entre ambas, lo que significa, perfecta armonía concordante entre mente – corazón, para referirnos más específicamente al plano de la 3D (tercera dimensión o plano físico).

En ese momento de plenitud todo deja de ser importante, porque ya no se necesita llenar espacios vacíos.

Una persona consciente de su poder Luz Creadora no se vuelve más amorosa o más fría, a una persona consciente todo le resbala porque no se identifica con nada ni con nadie, por lo que la consciencia no es un estado emocional, ni siquiera mental o racional, la consciencia es un estado conscientivo. Consciencia significa CON CIENCIA.

En la consciencia Luz Creadora se encuentran

La Noche Oscura del Alma
¡EL TIEMPO ES HOY!
Reflexiones y Escritos con la Almohada

integrados los aspectos de la creación, luz y oscuridad, es decir, los extremos se unen, por lo que, en nuestras manos está el poder de hacer con ella la mejor obra de arte de nuestras vidas, de manera totalmente equilibrada, para satisfacer los placeres que nos provocan absoluta y plena felicidad, sin la absurda necesitad de querer obtener cierto tipo de aspectos materiales, económicos, amorosos, etc., solamente por el simple hecho de intentar llenar espacios vacíos, que lamentablemente, al fin de cuentas, la cruda realidad revelará la pobreza interior de la persona.

Pero, ¿cómo integrar la luz y oscuridad en nosotros mismos?, la luz y oscuridad en nosotros mismos se simplifican en los aspectos femenino y masculino que cada ser humano posee en su interior, aunque no necesariamente desarrollados, y en ciertas ocasiones se encuentra desarrollado un solo aspecto y el otro simplemente en reposo.

Estas dos fuerzas se integran con dos acciones muy simples, que hasta casi pareciera increíble, pero la acción de RECONOCER la LUZ y especialmente la propia OSCURIDAD que existe dentro nuestro, y luego ACEPTARLA, produce el "milagro" de integrar ambos aspectos que se simplifican en la

La Noche Oscura del Alma
¡EL TIEMPO ES HOY!
Reflexiones y Escritos con la Almohada

absoluta integración y consecuencia del Andrógino Divino, nuestra Inteligencia Superior, poseedor del poder Luz Creadora, y con ella, seremos capaces de Crear lo increado, poque tendremos la coherencia integrada entre la mente y el corazón.

En la Noche Oscura del Alma, reencontrándonos en la soledad de la delicada vulnerabilidad, y sin más jueces obsoletos que la propia consciencia interior, RECONOCER la propia Luz y Oscuridad, ACEPTANDO quienes realmente somos, es como la consciencia se emancipa hacia otros estadíos de comprensión, en los que la Coherencia del corazón tranquilo y la mente en calma, es la guía tan esperada para saciar la sed abrumadora en la que hemos permanecido inconscientes durante infinidad de otroras existencias.

Y al final del camino, luego de la conquista de la consciencia Luz Creadora, os comparto la fórmula de la que podréis manifestar vuestros más fervientes anhelos, pero repito, siempre con la Coherencia de la mente – corazón Integrada:
- 80% Imaginación Sentida.
- 20% Acción de lo que se quiera materializar.

Bienvenido a vivenciar la Luz Creadora, y que

La Noche Oscura del Alma
¡EL TIEMPO ES HOY!
Reflexiones y Escritos con la Almohada

vuestra Consciencia os guíe, para finalmente comprender, que en La Noche Oscura del Alma se NACE, pero donde se vive es en el ahora, porque ¡EL TIEMPO ES HOY!.

Y recuerda:

"No seas igual a la multitud,

sé en la multitud Sin Igual"

RiTa o

La Noche Oscura del Alma
¡EL TIEMPO ES HOY!
Reflexiones y Escritos con la Almohada

**La Noche Oscura del Alma
¡EL TIEMPO ES HOY!**
Reflexiones y Escritos con la Almohada

La Noche Oscura del Alma
¡EL TIEMPO ES HOY!
Reflexiones y Escritos con la Almohada

ÍNDICE

Título	03
Prefacio	05
Frase introductoria	09
Reflexiones con la almohada	11
Reflexión con la almohada 1	13
Reflexión con la almohada 2	14
Reflexión con la almohada 3	15
Reflexión con la almohada 4	16
Reflexión con la almohada 5	17
Reflexión con la almohada 6	18
Reflexión con la almohada 7	19
Reflexión con la almohada 8	20
Reflexión con la almohada 9	21
Reflexión con la almohada 10	22
Reflexión con la almohada 11	23
Reflexión con la almohada 12	24
Reflexión con la almohada 13	25
Reflexión con la almohada 14	26
Reflexión con la almohada 15	27
Reflexión con la almohada 16	28
Reflexión con la almohada 17	29
Reflexión con la almohada 18	30
Reflexión con la almohada 19	31

La Noche Oscura del Alma
¡EL TIEMPO ES HOY!
Reflexiones y Escritos con la Almohada

Reflexión con la almohada 20	32
Reflexión con la almohada 21	33
Reflexión con la almohada 22	34
Escritos con la almohada	37
Luz y oscuridad	39
La soledad	40
No llores	42
Estás donde debes de estar	43
El regreso	44
Regresa a ti	47
El poder de la meditación	50
Nacer, crecer y seguir creciendo	52
Aprendiendo a volar	53
Despertares	57
¡Porque sí!	59
Renacer	61
Frase final	65
Sobre la autora	67
Síntesis	71
Índice	77

La Noche Oscura del Alma
¡EL TIEMPO ES HOY!
Reflexiones y Escritos con la Almohada

**La Noche Oscura del Alma
¡EL TIEMPO ES HOY!**
Reflexiones y Escritos con la Almohada

Esta publicación no puede
ser reproducida, en todo ni en parte,
ni registrada en o transmitida por un sistema
de recuperación de información, en ninguna forma
ni por ningún medio, sea mecánico, fotoquímico, electrónico,
magnético, electroóptico, por fotocopia o cualquier otro,
sin permiso previo por escrito de la autora.

Copyright © 2024 RiTa o
Todos los Derechos Reservados

Printed in Great Britain
by Amazon